Al que Ama mi Alma

Noemí Hernández López

Edición a cargo del Maestro en Apreciación y Creación
Literaria.

Lic. Guillermo Beltrán Villanueva

DEDICATORIA

"Toda buena dádiva y todo don perfecto viene de lo alto, desciende del Padre de las luces, con el cual no hay cambio ni sombra de variación. ("Toda buena dádiva y todo don perfecto. Encuentros con Jesús") Santiago 1:17").

¡DEDICO MIS POEMAS Y CANCIONES A MI DIOS YAHWE, MI CREADOR Y SALVADOR POR MEDIO DE SU AMADO HIJO YEHSHUA HAMASHIAJ, ¡AL CUAL DIO TODO EL PODER, LA HONRA, LA GLORIA, LA ALABANZA, EL RECONOCIMIENTO Y AUTORIDAD POR LOS SIGLOS DE LOS SIGLOS! Y AL QUE ESPERO FERVIENTEMENTE CADA DÍA
AMÉN.

AGRADECIMIENTOS

Agradezco primeramente al Protagonista y Fiel presente de este ejemplar: A mi Dios Todo poderoso, por bendecirme con esta oportunidad de exponer en las letras de mis versos todo lo que siento por Él al desbordar mi corazón en letras por su Obra Redentora en la preciosa persona de mi Señor Yehshua Jamashiaj y la invaluable guía de su Santo Espíritu en el desarrollo de este libro. Mi agradecimiento Profundo a mi Madre, que me inculcó el amor a nuestro Creador y el confiar en Él sin importar la situación en la que me encontrara. A mis amadas guerreras que siempre me estuvieron estimulando para la realización de este ejemplar: Maria Jesús, Enedina. Alicia, Leticia y Graciela Hernández López. Mis hermanas en la carne, mis compañeras de guerra en este peregrinaje de vida en el que nuestro Capitán es nuestro Dios.

Finalmente quiero mencionar a mi Editor, El señor Guillermo Beltrán Villanueva, que, al dejarlo para lo último, es para resaltar libremente lo medular de su participación en la publicación de este Tomo IV de los Versos del Silencio. Sin duda no estaría presentando esta o cualquiera de mis otras obras, si no fuera por el apoyo e intervención de esta grande y generosa persona, que para ser franca es otra de las cosas que le debo a mi Dios y Padre. Porque nada es Coincidencia y solamente Dios en su bondad y amor pudo hacer que Guillermo y una servidora coincidiéramos de esta manera tan maravillosa, donde nuestra fe en el Ser más Supremo pudo sincronizarse y materializarse en la creación de *"Al que ama mi alma"* Hay un texto bíblico donde Dios nos manda pagar deudas. "Pagad a todos lo que debéis: al que tributo, tributo; al que respeto, respeto; al que honra, honra"

(Romanos 13:7), por esta razón, me es ineludible e imprescindible darle a Guillermo beltrán Villanueva el todo el reconocimiento que mi editor merece, por todo su cariño y paciencia, y con el que estaré por siempre en deuda.

Gracias infinitas Al que ama mi alma, mi amado Jesús por haberme colocado en el lugar y momento exacto para que este libro estuviera en las manos de cada uno de mis lectores, a los que agradezco infinitamente su tiempo para mis Versos del Silencio.

¡DIOS LOS BENDIGA POR SIEMPRE!

Preliminares

Pastora Angelyka Vicuña

"Al que ama mi alma" es una obra que por su título nos deja ver el corazón de su autora, un corazón que se derrama en abundantes pensamientos de amor hacia su Padre, su Creador; Poemas dónde plasma sus grandes trayectos en el desarrollo y crecimiento de una relación de amor entre Padre e hija.

Gracias Noemí por abrir esos momentos muy tuyos, muy íntimos con tu Dios y dejarnos ver más allá de lo que una vida trivial nos deja ver.

Gracias por presentarnos a un Dios Padre tan amoroso, tan tolerante a nuestras dudas e inmadurez, y tan dispuesto siempre a tomarnos de la mano y caminar junto a nosotros por esta vida.

Muchos no tuvimos el gusto de conocerte desde niña, sino que nos das el privilegio de conocer a través de tus poemas a la niña inquieta que desde temprana edad buscaba a su Padre Dios, dejaba salir sus pensamientos en letras hermosas que mostraban la gran escritora que eres.

Mis respetos y mi gran admiración para ti mi bella amiga... ¡Felicidades por tan hermosa obra!

2°

Pastor Miguel Ángel Guerrero

He tenido la dicha de conocer a la Sra. Noemí Hernández López y ser parte de sus amistades cercanas.

Noemí es una persona que nos deja un hermoso legado de alegría y pasión por sus principios que la ha llevado a escribir sus experiencias y vivencias con su magistral don de Poeta.

Desde el día que la conocí me di cuenta de que ella es un transmisor de energía y de generosidad y en especial admiro su humildad para con los demás.

Noemí es una excelente comunicadora de realidades que se viven a nuestro alrededor y los convierte en poemas con su maravilloso don de Dios.

Doy gracias a la Sra. Noemí porque al solicitarle poemas con temas de importancia para la familia generosamente nos ha otorgado parte de su material para enriquecer a las familias de Amistad Cristiana.

Quiero felicitar a la Sra. Noemí Hernandez López por llegar a la culminación de este hermoso libro titulado muy acertadamente

"Al que ama mi alma"

Que lo he tomado como un tratado de la voz de Dios a través de experiencias buenas y malas, con un significado del amor de Dios a todos nosotros que leeremos este libro.

Felicitaciones Noemí, te amo en Cristo Jesús y me honra ser parte de tus amigos.

3°

Enedina Hernández López

Agradezco la distinción que ha tenido conmigo la Sra. Noemí Hernández López, al invitarme para presentar esta magnífica obra poética: "AL QUE AMA MI ALMA".

La Sra. Noemí Hernández, poeta y escritora, oriunda de una pequeña y pintoresca ciudad ubicada al norte del estado de Sonora, Magdalena de Kino; a su muy temprana edad, para ser exactos a sus escasos 8 años descubrió el maravilloso don de expresarse por medio de la poesía; denotando hasta hoy la inspiración inagotable que posee, y que la ha llevado a escribir y publicar su gran colección de libros "LOS VERSOS DEL SILENCIO", y de esta manera hacernos partícipes de su gran antología poética, de la cual este libro "AL QUE AMA MI ALMA" forma parte.

Noemí Hernández, llamada por sus seguidores "La Poetisa del Silencio", puedo decir de ella que todo en la vida lo percibe a través de su exquisita sensibilidad siendo capaz de llevarlo a la letra, de convertir en poema sus vivencias, o hacer de las vivencias ajenas poemas tan emotivos como si fueran propios; ella misma es poesía, enfrenta los retos de la vida con alegría, con entereza; le canta a todo: A la naturaleza, al amor, a la patria, a la familia; los reclamos sociales los hace poemas, su voz plasmada en poesía como un grito en el silencio, la presta para aquéllos que no son escuchados, para las causas sociales de los olvidados, para denunciar la injusticia, para despertar conciencias en nuestra sociedad.

Noemí, además de deleitarnos con sus poemas de amor o desamor, también aporta su granito de arena, para hacer conciencia, abordando de una manera sutil y delicada temas de actualidad como El aborto, la discriminación, Etc., sin dejar de imprimir en ellos el grito de su alma capaz de llevarnos a la reflexión.

He tenido el privilegio de conocer su obra y su trayectoria, me ha honrado invitándome a ser parte de su obra, presentando todos los libros que ha publicado, y de nuevo me ha honrado para presentar a ustedes este magnífico libro "AL QUE AMA MI ALMA"

La Sra. Noemí, que tiene poemas y versos para todo y para todos, que es poeta de la misma vida, ¿cómo podría dejar de cantarle sus más preciosos versos, sus más emotivos poemas al Creador de todo? ¿Al que regaló a su vida el maravilloso Don de la poesía? ¡Imposible!

Por eso ahora, ella dedica este bello libro "AL QUE AMA MI ALMA" a su Dios, al Eterno Dios que la ama y que ella ama.

Señor, estaba dormida y Tú me viste,
Estaba quieta la memoria mía
Y el talento sagrado que me diste
Guardado estaba mientras dormía.

He aquí, que es un honor para mí, presentar a ustedes este libro tan especial, con una dedicatoria magnifica: "AL QUE AMA MI ALMA" no puedo negar que me he sentido muy conmovida ante tal inspiración; es un poema hecho canción, una canción hecha oración, dedicada al Ser Supremo, al Dios del Universo, al dador de la vida, AL QUE AMA SU ALMA.

En esta obra poética, se percibe claramente cómo la autora trasciende del plano sensual de las emociones humanas al plano espiritual, cómo trasciende del amor filial, del amor epithumia, del amor eros, al amor Ágape, que es el amor perfecto de Dios hacia el ser humano y que es ese amor el que nos acerca a Él, y que podemos contemplarlo en su bello poema: "SOLO DILE"

Es seguro que un día te lo encuentres,
Posiblemente en la calle o debajo de un puente
No le preguntes como le va sin mí,
O si acaso me extraña o ha llegado a olvidarme…
Solo dile que lo espero
Que su lugar vacío me lastima el corazón.

Es este libro todo un poema de amor, cantado no solamente con el alma o con las emociones, sino un cántico del espíritu; porque Noemí sabe que EL QUE AMA SU ALMA, es Espíritu, y solamente se llega a El de esa manera, en espíritu y en verdad, esto hace a este libro tan especial.

La autora plasma ese amor único, sublime, que solo puede expresar AL QUE AMA SU ALMA, porque ella sabe que Él la encontró, que Él la amó primero y la amó hasta lo sumo; tanto, que dio su vida por ese amor y venció a la muerte y ascendió al cielo, en donde prepara una morada para llevarla con Él, y tal amor no sólo es para ella; sino que se extiende al mundo, se extiende también para ti.

Es un honor que hoy tengas este libro en tus manos, considéralo una bendición, porque estoy segura de que, al leerlo, podrás experimentar cómo se inunda tu corazón de ese amor Ágape, de ese amor Eterno de Dios, que entregó su vida por tu amor, solo porque te ama; y podrás sumergirte también en este cántico de amor y quizá puedas hacerlo tuyo y exclamar: AL QUE AMA MI ALMA.

4°

Luis Fernando Valdivia Hernández

Un día, mi Señor

Un día, tendré que estar frente a ti, ante tu grandeza.
Sé que llegará ese gran día en el que te veré.
Un día, tengo la seguridad que así será; tengo la fe, la certeza.

Todo será diferente, será distinto y viviré.
Un día… y es mi única esperanza confiar en ti.
Un día estaré en tu presencia, te miraré y diré: "lo logré"

Mi cuerpo quedará vacío, en la espera de tu promesa de ser
transformado.
Los días se van más rápido de lo normal y solo en Ti, mi Señor,
espero.
Y un día, cuando menos lo imagine, llegará lo inesperado.

Un día en un abrir y cerrar de ojos, nuestra redención llegará
Seremos glorificados y nuestro ser se renovará…
Un día mi Señor, mi Salvador de los Cielos vendrá.

Oh, SEÑOR, tú eres mi Dios; te ensalzaré, daré alabanzas a
tu nombre, porque has hecho maravillas, designios concebidos desde
tiempos antiguos con toda fidelidad. ("Isaías 25:1 Oh SEÑOR, tú eres
mi Dios; te ensalzaré, daré alabanzas a …").

5○

Noemí Hernández López

Este libro no empezó hoy. En realidad, es un compendio de diferentes etapas de mi vida, que necesito plasmar para las nuevas generaciones.

Son poemas que en diferentes momentos han sido un desahogo, un lamento, una queja, una esperanza, una exhortación, un sustento…, hasta la reafirmación misma de las promesas que he recibido de mi Dios por medio de su Santa Palabra.

No ha sido fácil lo confieso. He cruzado senderos muy escabrosos en los que he pensado que mi fe me abandona, como en un túnel oscuro, al ver la luz al final de este me da la fuerza de seguir caminando.

Mi fe ha sido resguardada por mi Poderoso Dios y en los momentos más pantanosos, más angustiantes he podido oír su voz alentándome y fortaleciéndome.

En las seis décadas que tengo sobre esta tierra, mi Dios no ha faltado a ninguna de sus promesas para mi vida y me veo en la necesidad de corresponder, aunque sea en una mínima parte, tanto amor de mi Señor Jesucristo.

Lo amo. Él me amó primero. Era su enemiga y estaba aún en pecado cuando Él decidió pagar mi deuda y me traslado de las tinieblas a su luz admirable. Me sentó con él en lugares celestiales y me revistió de su poder.

Ahora sé que puedo decir como dijo el Apóstol Pablo: "No vivo yo, Cristo Vive en mí, para mí el vivir es Jesucristo y el morir es ganancia"

Son cuatro cosas, primordialmente, lo que me purifica desde que me dio la potestad de ser su hija y me regaló esa porción de Fe con la que me alimento: Su Sangre poderosa que me limpia de TODO pecado y que es eficaz y suficiente, Su Espíritu Santo con el que me selló y me llena en mi caminar con Él, Su Palabra que me limpia en mi diario peregrinaje por esta tierra y la Esperanza cierta de su venida, la cual está en mí cada día y me hace soñar con el momento de mirarle cara a cara para gozar eternamente de su presencia.

Porque espero fielmente su venida, esa venida que habla su Palabra en la que me promete, en un abrir y cerrar de ojos, desde los aires levante a su Iglesia. No espero la muerte, aunque si en mi gloriosa esperanza duermo, seré de las primeras que le veré.

¿Cómo no rendirle tributo y alabarle y bendecirle con mis versos y rimas, si todo se lo debo a Él?

Aquí les dejo estos versos hermosos de mi hijo, el Ingeniero Luis Fernando Valdivia Hernandez. Pues desde que me los leyó fueron para mí como ese himno que entona mi corazón cuando pienso que muy pronto gozare en la Divina Presencia del que ama mi alma.

ESTUDIO CRÍTICO

Guillermo Beltrán Villanueva

"Al libro "Al que Ama mi Alma" de Noemí Hernández López. Existen discursos de recogimiento que nos llevan a un estadio inmanente, esto lo aseguran estudiosos, clérigos, ministros que traen para nosotros las palabras escritas por inspiración divina.

Sin duda el hombre, en su historia, (ésta no se concibe sin la escritura), intentó interpretar el porqué de la vida, los fenómenos que le sujetaban al escondite o a guarecerse de las inclemencias intentó dejar en la memoria de sus acciones por medio de signos, dibujos rupestres, símbolos, partes de una incipiente escritura. Las ciencias que se separan de los estudios religiosos proponen que estas circunstancias hicieron que el cerebro del ser humano se expandiese hacia otras zonas del cráneo y en su expansión el encéfalo, también llamada "materia gris". "genera los pensamientos intelectuales más complejos y controla los movimientos corporales." ("Componentes del cerebro - MedlinePlus") Y que ahí se genera el razonamiento. Hasta ahí podríamos decir de los naturalistas, llegaron a los límites físicos que se impusieron.

En cambio, otros, los teólogos, incluidos los filósofos se dieron cuenta que más allá de lo físico existía un poder desconocido del razonamiento, es decir, Metafísico, el cual le iba abriendo camino para superar sus propias circunstancias.

Ante la grandeza espiritual que se abría a sus ojos intuyó un acercamiento hacia algo sobrenatural que le sobrecogía, que a la vez le iba dando claridad de pensamiento para encontrar respuestas. ¿Es acaso una incipiente religiosidad del hombre que le acercó a Dios? Sin duda la propia palabra no es más que una síntesis del eterno retorno hacia la divinidad por la que fue creado; del latín *religio*, formada con el prefijo re- (indica intensidad), el verbo ligare (ligar, atar, unir, amarrar) y el sufijo -ion (acción y efecto). Entonces "religión" significa algo así como "Acción y efecto de ligar fuertemente [con Dios]. Como decía, hay discursos que nos sobrecogen y nos llevan a la meditación, porque percibimos no nada más la palabra intrínseca, sino a la esencia de esta como un elemento más de comunicación. Haría falta percibir aquel lenguaje que conlleva la palabra, su significación profunda y todo aquello que la encumbra para convertirse en la palabra absoluta, poderosa, divina.

El libro "Al que ama mi alma" tiene esa enorme facultad. Desde que vi la imagen que propuso la autora sentí una necesidad de escribirle un poema, sin haberlo leído, solamente la hermosa imagen que escogió para la portada.

Acróstico soneto rusticato

A su luz es atraída
La fiel seguidora.

Que eleva plegarias
Uncida de paz y alegría
Entorno al Divino Creador.

A quien dedica su fe,
Más cada paso le guía
Al cielo, ¡oh, divina palabra!

Mente, devoción y espíritu
Incide en su vida y familia.

Ante Dios que todo lo crea
Le dedica su oración;
Ministerio y servicio;
Alma, cuerpo y pasión.

La autora se hace valer de la Poesía, la máxima expresión espiritual del Ser Humano para llegar con su melodía, las imágenes, la parábola, la metáfora y su fuerte sentido de religiosidad con su voz amorosa y profunda a las fibras de nuestro corazón. Cada expresión, interrogación o exclamación, son parte de esa cadencia que explota y despierta conciencias de cada lector y, finalmente, remodela la actitud, libre de antagonismos y llena de serenidad y recogimiento, lo lleva a un intento de retorno, de reencuentro precisamente con la Palabra, sí, la Palabra que llega hasta nuestro razonamiento para llenarnos de sublime espiritualidad y virtudes cristianas. Noemí, **eres grande** y te lo diré de la manera en que nos comunicamos los poetas.

Eres grande
y poderosa,
mueves las almas
al amor.

Eres poesía
que se inspira
y transpira
su color.

En los verdes
abedules
en los bosques
y desiertos.

Y en las letras
donde aludes
La Eterna…
¡Palabra de Dios! (*Debe repetirse a coro*).

Al que Ama mi Alma

ANHELO DE MI PENSAMIENTO

Señor, estaba dormida y Tú me viste,
estaba quieta la memoria mía
y el talento sagrado que me diste
guardado estaba mientras dormía.

Perdóname, Señor, ahora siento
nacer de nuevo mi ánimo dormido
y hay un deseo en mi pensamiento,
es mi anhelo más grande y querido.

Quiero elevar al cielo mis cantares,
quiero entregarte a Ti, mis oraciones,
quiero en lugar de cuerpo tus altares
¡donde derrames de tus bendiciones!

Quiero vivir de Ti, de tu existencia,
Maestro grande, dame tu saber,
anhelo estar por siempre en tu presencia,
como anhelo sentir tu gran poder.

Mientras tenga un corazón viviente,
irá junto conmigo el gran anhelo,
de sentirme contigo omnipotente
de saberme al final, allá en tu cielo.

Mientras tenga un alma que te aclame,
voy a implorar por ser algo de ti,
quiero sentir y ver cuando derrames
la bendición que anhelo sobre mí.

Si sé que existes, es porque te advierto,
¡vislumbro tu rostro en tantas cosas!
te miro en las estrellas, en el viento,
te distingo en el mar y en las rosas.

Y porque sé que existes, Dios eterno,
vuelvo al principio de mi pensamiento
no me dejes dormir, que cuando duermo
se me pierde el anhelo y no lo siento.

ME DICEN QUE SOY LOCA

Todo mundo me dice que soy una demente,
que vivo dormida quien sabe en qué planeta,
que no advierto el alocado paso de la gente
que vive de placeres con vuelo de saeta.

¡Sí lo advierto todo... y siento una tristeza!
porque perdió el mundo el andar que es correcto
ahora vive tan sólo maquinando vileza
y perderse en el fango de lo más ruin y abyecto...

Me dicen que soy loca porque aduno en mis sueños
lo que en la vida jamás podrá existir
que la paz y la dicha solamente son dueños
de un cosmos invisible que no tiene confín.

Sé que existen, que una vez existieron
que el mundo fue bueno en parte del camino
más cambio todo luego y en su derrotero
fueron la paz y dicha como algo clandestino.

Apareció la guerra trayendo la miseria
pues a no sé qué extraño conjuro obedeció
y el mundo que era bueno se trocó en laceria,
laceria y podredumbre que arrastraban dolor.

También llegó el hambre como algo adventicio
se esfumó en el aire aquel hermoso edén
se desvaneció el gozo se transformó en silicio
y demente, loca, solamente lloré.

Más pese a mi locura siento aquí en el alma
unas ganas inmensas, inmensas de gritar
para exhortar al mundo que regrese a su calma
que el camino que lleva tiene un fiasco al final.

Y seguirán su curso los días del calendario
 la maldad del mundo entre afrentas y cuitas,
se olvidarán de que existe en cada campanario
el llamado de un Cristo que sus pesares quita.

Mientras en mi locura, con mi gesto adusto
seguiré viendo al mundo caminar cual tropel
¡Y que me ignoren todos que así estoy a gusto!
tengo miedo de correr y caer.

Mejor me refugio en mi viejo campanario
con mi semblante de loca, apacible y sereno
mirando siempre fija el horrible calvario
que llevó el olvidado Cristo Nazareno.

VEN A SALVARME

Ven a salvarme Señor, porque naufrago,
ven a calmar de mi alma la tormenta
pues el enfurecido mar en donde vago
bien sé que sepultarme en él intenta.

Acude a mi socorro, pues tú sabes
la confusión que existe en mis sentidos,
no permitas mi Dios que me acabe
luchando con mi propio contenido.

Mira la fiereza del combate
de todas las ideas que en mí traigo,
mira cómo mi alma se debate
y cómo poco a poco decaigo.

Mi cerebro siempre despejado
se ha convertido en campo de batalla,
la lucha tiene tiempo, no ha cesado
no me dejes ahora... ¡no te vayas!

Y si en este mar tortuoso voy a hundirme,
sí es el fin de mi bohemia alma,
te doy gracias, mi Dios por permitirme
saborear alguna vez tu dulce calma.

Te agradezco Señor, que en un tiempo
pude expresar muy bien lo que sentí,
sin pasar por la lucha que ahora siento
con mi alma libre del sufrir.

Ahora tú también eres testigo
del esfuerzo que hago al inspirarme
no lo tomo Señor, como castigo,
sabes que he llegado a desgarrarme.

Me diste inspiración en los amores,
para expresar del mundo lo que pienso,
aún para plasmar grandes temores
igual que fuertes presentimientos.

Ahora, sólo quiero pedirte
des buena expresión a mi escritura
y por ella, con humildad decirte
toda mi desesperación y mi amargura.

ME LIBERTÓ

Israel vivía en Egipto,
vivía en esclavitud,
más Dios mandó a Moisés
que libertara a Israel.

¡Y lo libertó! ¡Lo libertó!
Por el Poder de Dios
¡Moisés libertó a Israel!

Mi Alma también en "Egipto"
era esclava del pecado
más Dios mandó a mi Cristo
y Él me ha libertado.

¡Y me libertó! ¡Me libertó!
Por el Poder de Dios
Cristo me ha libertado.

¡Me libertó, me libertó!

SI CRISTO ESTÁ CONMIGO

Si Cristo está Conmigo
¿A quién le debo de temer?
todos mis enemigos
son el estrado de mis pies.

Si Cristo está conmigo,
si Él conmigo está,
sí, en todas mis batallas
Él es mi Capitán.

"Envidia" ¡Al estrado de mis pies!
"Mentira" ¡Al estrado de mis pies!
"intriga" ¡Al estrado de mis pies!
"Lujuria" ¡Al estrado de mis pies!
"Celos" ¡Al estrado de mis pies!
"Chismes" ¡Al estrado de mis pies!
"Adulterio" ¡Al estrado de mis pies!
"Perversiones" ¡Al estrado de mis pies!
"Desamor" ¡Al estrado de mis pies!
"Dolor" ¡Al estrado de mis pies!
"enfermedad" ¡Al estrado de mis pies!
"Pecado" ¡Al estrado de mis pies!
"Muerte" ¡Al estrado de mis pies!
...
¡Si Cristo está conmigo, todos mis enemigos son el
estrado de mis pies!

¡CON QUÉ DULZURA!

y Tú, con qué dulzura
me llamabas, ¡Señor Jesús!
y con qué soberbia
te ignoraba, ¡Señor Jesús!

"Te amo!"
¡Dijiste estas palabras con tan tierno amor!
"Te amo",
con tus brazos abiertos me ofrecías
la paz y el perdón...,
¡y te ignoraba, Señor!, ¡te ignoraba, Señor!

Un día en el camino
cansada recordé
que Tú me amabas, Señor...
y siempre avergonzada
por mi indigno proceder
te buscaba Señor...

"Te amo",
oí tu voz más clara muy dentro de mi ser.
"¡Si, te amo!"
y ni un reproche de tus labios escuché,
¡me perdonaste, Señor!

*Ahora soy feliz y te quiero confesar
que también te amo, Señor.
Contigo de la mano quiero caminar,
porque Tú me amas y te amo, ¡mi Dios!*

*¡Yo te amo!,
llorando de alegría te lo digo Señor,
¡Te amo!,
con mi melodía muchas gracias te doy,
¡muchas gracias, mi Dios!*

ESO NO ES AMOR

¿Cómo dices a tu hermano?:
"¡Dios te bendiga!",
y no le das la mano,
una mano amiga,
eso no es amor...
¡Eso no es Amor!

¿Cómo?, si lo ves
que tiene hambre y frío
y no le das tu pan
no le das tu abrigo,
eso no es amor...
¡Eso no es Amor!

Oye lo que dice la Palabra,
medita en lo que dice la Palabra
practica lo que dice la Palabra
de ¡Dios!

¿Cómo predicas amor
si en realidad no has amado?
¿cómo predicas perdón
y tú no has perdonado...?
¿Cómo predicas verdad
si sabes que has mentido?
y dime ¿cómo presentas a Jesús,
si no lo has conocido?

Oye lo que dice la Palabra,
Activa lo que promete la Palabra
¡Recibe lo que te ofrece
¡la Palabra de Dios!

ÉL PREDICÓ AMOR

¿Qué doctrina predicó
para que le despreciaran...?
¿Qué delito cometió
para que le crucificaran?
¿Qué ejemplo nos dejó,
que no hacemos caso?
¿Por qué nuestras vidas van,
a pesar de su bondad,
al fracaso?
Él, predicó amor.
Él, No cometió error...
el ejemplo que dejó es perfecto.
¡El Camino que marcó
es el correcto!

"Soy el Camino y la verdad
y soy la vida,
"el que me busque me hallará
y le daré lo que en mi Nombre pida..."
"Soy el pan que satisface,
el agua que si bebes
no tendrás sed jamás"
"Y Soy el Buen Pastor
qué por sus ovejas da la Vida..."

QUIERO...

¡Quiero menguar!
Quiero llevar la cruz
Y negarme a mí misma...
Quiero ser sal
Quiero ser luz...,
Mas, antes
sepultar a mi "Yo"
y al tercero, cuarto
O quinto día...
Tal vez dentro de un siglo
o de mil años
resucitar gloriosa
entre los libros.
¡Contigo mi Jesús!
¡Siempre, Contigo!

MI LIBERTADOR

Loco en mi soberbia
y creyéndome lo mejor,
loco en mi orgullo
y sintiéndome superior.

con mis ojos cerrados
para no mirar a Dios
con mis oídos tapados
para no escuchar su voz...

Y como el gran faraón
endurecí mi corazón
como al gran faraón
la plaga del pecado me azotó
como el gran faraón
después de mucho decir no
como el gran faraón
¡al fin mi corazón se rindió!

Mi espíritu esclavo
de mi soberbio corazón,
se hundía en el fango,
clamaba a su Creador,
mi espíritu esclavo
buscaba una solución.
¡Gloria, Aleluya!
¡También tenía su libertador!

AHORA ESTOY LLORANDO

Llorando estaba porque mi vida
vacía y sin amor la sentía
llorando estaba, pues me encontraba hundida
en el más grande error y me perdía.

Perdóname, Señor, clamé desesperada
pues participé en tu crucifixión,
fui quien te negué, estoy tan apenada
fui quien te entregué ¡Perdón, perdón!

Camino del calvario, Tú callaste,
cargaste mi pecado y mi dolor
sin renegar por mí te entregaste
y yo ingrata fui, no vi tu amor.

Ahora estoy llorando, no es de dolor
estoy cantando porque Él me salvo,
ahora estoy llorando.
¡Aleluya!, ¡Él me salvo!

LA RELIGIÓN NO HA DE SALVARTE

Cuando te hablo de Cristo y de su amor,
cuando te digo que hay un Salvador,
tú, me contestas que no y, que no,
que en paz te deje,
que cada uno su religión...

¡La religión no ha de salvarte!
ni ha de quitar tu vida de aflicción.
ven, ven al Señor que no te pide,
al señor que no te pide más que tu corazón.

Te dará a cambio la salvación de tu alma,
y por añadidura te dará mucho más...
te dará, te dará
la franca entrada en el Reino Celestial.

QUIERO MÁS

Dame más señor de tu Palabra,
dame más señor de tu Palabra
aunque sea como espada que atraviesa mi alma
dame más señor de tu Palabra.

Dame más de tu sabiduría
dame más de tu sabiduría
aunque mi espíritu se quebrante noche y día
dame más de tu sabiduría.

Y con tu Palabra y tu Sabiduría
sustentaras mi alma, serás mi guía.

Quiero más de ese amor que en mi ser tu viertes.
quiero más de ese amor que en mi ser tu viertes
aunque tenga que perdonar setenta veces siete
quiero más de ese amor que en mi ser tu viertes.

Quiero más de tu paz aun cuando no la entienda
quiero más de tu paz aun cuando no la entienda
aunque mi espíritu y mi carne siempre estén en
guerra
quiero más de tu paz, aunque nadie la entienda

Y con tu amor y gozando de tu paz
tendré valor para pedirte más.

EL TALENTO

Señor, como me diste un talento no más
fui y lo enterré y aquí está...
Sé que fallé,
¡dame otra oportunidad!

Y si Tú me perdonas,
mi buen Jesús,
trabajaré en tu obra
con gratitud.

Señor, si Tú me das el talento otra vez
lo multiplicaré, lo multiplicaré
y cuando vuelvas otra vez
te lo presentaré.

Y escucharé tu dulce voz
diciéndome:
"Como en lo poco fuiste fiel
En lo mucho te pondré"

Señor, todo talento que Tú me des
lo multiplicaré, lo multiplicaré,
y cuando vuelvas por tu grey
te lo presentaré.

BLANQUEADO POR FUERA

No voy a cuestionar tus decisiones,
porque sé que eres real y justiciero,
más sé que andas buscando corazones
que sean humildes limpios y sinceros.

Que hayan desechado las pasiones,
que te pongan a Ti siempre primero,
que si buscan de tus bendiciones
te obedezcan y sigan tu sendero.

Perdóname, Señor, más quiero decirte
que has pedido demasiado
y no es que no lo intente o no te quiera...

Te amo a pesar de mi pecado,
habemos tantos blanqueados por fuera
cual si tu Sangre no hubiese penetrado.

LA PACIENCIA

Es mucha la semilla que ha caído,
aun cuando son pocos sembradores,
más también la cizaña se ha extendido
¡No nos merecemos tus favores!

En la misericordia que has tenido,
acortas nuestros muchos sinsabores,
esperando que el hombre arrepentido
te rinda humildemente tus Loores.

¡Y mira qué paciencia, Cristo amado!
¡Qué dolor es saberte compungido!
el hombre de su vida te ha sacado...

Porque estando en el horror sumido
todas las puertas falsas, ha tomado,
antes que a ti volverse arrepentido.

ORACIÓN

Señor, no me des más sonrisas,
sólo dame la gracia de todas entregarlas,
que sean una fuente y saber que se deslizan
refrescando las almas que puedan atraparlas

Señor, no alargues mi camino
solo dame la gracia de caminar sin prisas
para apreciar que existes y que tu Ser divino,
me requiere dispuesta, me reclama sumisa

Señor, no des a mis ojos más brillo,
solo dame la gracia de mirar tus valores,
que sean de otros ojos tal vez el lazarillo
y que por otros ojos los míos, también lloren.

Señor, Tú me diste dos manos,
solo dame la gracia de que sean suficientes,
tómame una de ellas, cual si fueras mi hermano...
con la otra permíteme ayudar a la gente.

Señor Tú me diste una mente,
no pido más inteligencia. Dame sabiduría,
para mostrar que, en murmullos, trinos, fuentes...
existe tu divina y bellísima armonía.

Señor, me diste un corazón
sólo dame la gracia de ser noble,
para las penas partir en dos
para las dichas volverlas dobles.

RUEGO

Leí en tu Palabra
esta sentencia:
"Un día el almendro
ha de florear
y va a ser ignorada
mi presencia
a donde no quiera
ahí me han de llevar".

"Se han de cerrar
las ventanas,
se me negará
la luz del sol…
Que temblaran
los guardas
de la casa
y el alba,
la sabré por el gorrión.

El corazón me tiembla
¡Tengo miedo!
me reúso a cumplir
con tal sentencia.
antes de que suceda,
 te ruego
que de esta tierra
borres mi existencia.

QUIERO SER SEMBRADORA

Quiero ser sol, o estrella por lo menos,
que tras una ventana bese cansados labios,
y que tenga la magia ese beso sereno
de arrancar amarguras y de borrar agravios.

Quiero ser agua de cristalina fuente
que acaricie amorosa los fatigados pies,
y que tenga la magia mi caricia corriente
de llevarse el cansancio y devolver la fe.

Quiero ser árbol, de espeso follaje,
que frondoso cobije al peregrino
y que tenga la magia mi abrigador ramaje
de regalarle un sueño sustancioso y divino.

Quiero ser pajarillo que su trino libere,
que llegue como bálsamo a un corazón herido
y que tenga la magia cuando mi trino llegue
de entregar su dolor al dulce olvido.

Quiero ser sendero trazado en la espesura
donde encuentre el perdido su punto de partida
y que tenga la magia de despejar las dudas
seguro que el sendero es camino de vida.

Quiero ser isla, un pedazo de tierra,
brillar como perla en medio del océano
y guardar esa magia que toda perla encierra
para salvar al naufrago y tenderle la mano.

Quiero ser sol y agua no veo la discordancia,
quiero ser árbol grande y pájaro también,
ser sendero, ser isla… ¡Quiero ser esperanza!
¡Quiero ser sembradora de paz, amor y fe!

MI CORAZÓN ESTÁ VELANDO

Aunque duerma, mi corazón está velando,
ven y pasa por mí Amado mío,
las tinieblas me están rodeando
mas, mi corazón no está vacío.

Rebosa del aceite que me diste,
rebosa del amor con que me amaste
y aunque el mundo oscurezca y esté triste
me gozo en tu presencia y en buscarte.

Aunque duerma, mi corazón se halla en vela
no pases de largo por mi morada
introduce tu mano en mi cancela
y penetra en mi alma desvelada.

Se que vas a volver, es tu promesa,
si tardas, sólo es misericordia,
sé, mi amado, que regresas
a llevarme contigo en tu Gloria.

PUEDE SER YA

No necesito ir lejos, es patente
que la Palabra fiel se está cumpliendo
en todos los eventos es latente
la venida del Rey es inminente
y el hombre, no se está arrepintiendo.

Muchos volviendo al mundo, apostatando
dejando el Camino de verdad,
los rumores de guerra se están dando
las señales en los cielos van marcando
la Palabra del que ha de regresar.

Mateo 24 está presente
terremotos mundiales espantosos
las olas de los mares y torrentes
se desbordan y asustan a las gentes
y causan sufrimientos desastrosos.

Mas queda el remanente que le espera
la iglesia fiel sin mancha y sin arruga
la que sabe velar y desespera
la que clama día y noche y está en vela
esperando sus nuevas vestiduras.

La que se irá con él, porque le adora
la que venció con oración constante
que ruega, suplica y sin cesar ora,
porque dentro de ella siempre mora
el Espíritu Santo de su amante.

No pasará más tiempo, Cristo viene
ya todo se cumplió y Él nunca falla
no te duermas tranquilo, te previene,
no te alejes, Él siempre te sostiene
es el momento de mostrar la talla.

Aguza el oído, abre los ojos
sonará la trompeta de inmediato
arrepiéntete y póstrate de hinojos
abre tu puerta, quita los cerrojos
¡Puede ser ya! ¡ puede ser hoy, el Rapto!

SALMO DE AGRADECIMIENTO

Dirigí a ti la mirada, oh, ¡Jehová!
¡Padre de la creación, soberano Señor!
Abrí mi boca en un clamor total
por medio de tu Hijo,
para que mi ruego alcanzara
tu favor Celestial.

Aun no estaba la palabra
En mis labios...
¡Tú, lo sabías todo!
Sabías de la crisis
sabías la tormenta
sabías mi dolor!...

Quise decirte más,
hablarte de mis fuerzas
que parecían dejarme,
mostrarte bien abiertas
las llagas de mi carne
y decirte muy quedo lo
lento que sentía mi corazón.

No me faltó la fe,
me faltaron palabras,
ahí ante tu presencia,
junto al trono de tu gracia
mi corazón latió
apasionadamente…,
descompasadamente.

No me dejaste hablar.
Tu mano poderosa selló mis labios,
y enviaste tu Palabra...
Palabra que disipa las penas y las sombras.
Palabra que va y cumple
tu voluntad, ¡soberana y gloriosa!

Palabra que se cumple
sin que nada lo impida,
que atravesó la bóveda
infinita y celeste
sacándome del hoyo
y llenándome de vida!

A Ti, sea dada la honra,
el poder y la gloria
por todas las edades
mi Amado Señor,
no tengo más que darte,
porque tuya es mi vida
y, aunque también es tuyo,
¡toma mi CORAZON!

¡ESCRIBE! ¡AMANECE! ¡DIOS ES REAL!

¿Soñaba...? no, esta vez no soñaba
simplemente dormía.
Mi respiración y mi pulso
se asociaron, se amafiaron...
¡Me despertaron!
Me encañonaron, me secuestraron
y me ordenaron: ¡Escribe! ¡Escribe!
Sobre la maravilla de dormir tranquila,
sobre la cobija bondadosa de la noche,
sobre la quietud del alma que ama...
¡Escribe!
sobre el amor derramado en derroche,
sobre la humanidad dormida.
¡Escribe! Del tiempo regalado
para reponer las fuerzas y la vida,
sobre la sangre que oxigena,
sobre las palpitaciones no alteradas,
sobre el abrir los ojos inquietos por ver la aurora;
sobre el sentido del oído que percibe
los movimientos rutinarios de un nuevo día.
¡Escribe! Sobre tu cuerpo satisfecho
de dormir y de amar...
¡Escribe y Grítalo con fuerza!
¡Que amanece!
¡Que Tu Dios es Real!

SÓLO DILE

Es seguro que un día te lo encuentres,
posiblemente en la calle o debajo de un puente...
no le preguntes como le va sin mí
o si acaso me extraña o ha llegado a sufrir...

No le preguntes por su bella sonrisa
y su mirar brillante, o por su andar sin prisa...
ni si me ha olvidado totalmente
o si acaso una canción con mi recuerdo
 le ha golpeado la mente...

Sólo obsérvalo
y no juzgues su apariencia,
no critiques sus vicios,
porque va de picada por ese precipicio.

No veas su piel quemada,
ni su aspecto tan sucio,
ni su ropa manchada
detenga un buen impulso.

Sé que no me ha olvidado
y esperaré paciente
que regrese a mis brazos y en sollozos
me diga por fin que se arrepiente...

Solo dile que lo espero,
que su lugar vacío me lastima el corazón.
Que el amor que le he dado
no sólo es infinito,
sino que está libre de toda condición.

Solo dile que me crea,
que aquí está mi mano
en busca de su mano...

Que aquí están vigente mi oración,
que lo espero, sin reproches ni reclamos,
que aquí está mi sangre para cubrirlo todo...
Anda y sólo dile que le amo...
Jesucristo.

A LO LEJOS

Ayer, ante la turba
dije que no te conocía,
que ¡nunca te había visto!
No me creían...

Me delató mi hablar
tan bien provisto,
me delató mi andar,
 tal vez sin prisa.

Puede que mis gestos, mi sonrisa;
hasta en la mirada mía se fijaron
Y con más ahínco me acusaron
de ser tu seguidor, de ser tu imitador...

¡Me pesaron tanto mis modales!,
lo que aprendí contigo cuando hablabas,
era como una losa en mis espaldas,
y tuve que frenar cada palabra
para evitar que nos relacionaran...

Hice algo más, así me aseguré
de sacudirme el peso de tu esencia:
Empecé a maldecir vociferando
y negué conocerte, renegando...

A lo lejos tus ojos en los míos se clavaron,
y mi alma ofuscada traspasaron...
no era un reproche, era el perdón inmediato;
era lo que no merecía mi corazón ingrato...

¡Mejor me hubieras
fulminado con un rayo!
Tu perdón fue instantáneo...
A lo lejos... ¡Oí cantar un gallo!

SONETO DE S. JUAN 10:10

¿Conoces al ladrón?
¿Tú sabes a qué vino?
Simple interrogación.
¿Piensas que desatino?

Abre tu corazón
escucha lo divino
y el mensaje de amor
llegará a su destino.

El ladrón no entrará por la puerta,
viene a robar matar y destruir
esta Palabra es muy cierta.

Más el Rey y Señor hoy viene a ti,
con autoridad al ladrón ahuyenta,
dará vida abundante a tu existir.

ANTE DOS AGUAS

¿Quieres ser sano?
Resonó la pregunta a sus oídos,
mientras bajaba el ángel como un rayo
y con su pródiga mano
el agua removió..., después se ha ido.

¿Quieres ser sano?
Preguntó el Nazareno conmovido,
mientras ante sus ojos,
vio el momento lejano,
que su cuerpo engerido
llegase antes que nadie al removido.

Señor, dijo llorando:
¿Cómo voy a sanar si arrastro mi alma?
¿Quién puede compadecerse de mi pena?
¿Quién con su benevolente mano,
lanzará al estanque mi cuerpo piltrafa?
¿Cómo puedo ser sano?

El tiempo se me escurre y pierdo la esperanza
cada que llega el ángel, otro me gana,
y mis pesados miembros nunca alcanzan
a rebotar hacia las aguas que sanan.

El Nazareno, sin extender su mano
sólo habló la Palabra...
Dio la orden precisa
para la triste y derrotada alma:

"Toma tu lecho y anda"
así, sanó al instante
y sin necesidad de ir al estanque,
recibió aquel don de sanidad supremo,
emanado de Jesús el Nazareno.

¿QUIERES SER SANO?

Aún te pregunta Él, compadecido.
No busques al ángel,
ni la estancada agua que no corre.

Atiende al llamado bendecido.
¡Su Sangre fuente, tu pecado borre!
Estás ante dos aguas,
¡éste es el instante!

¡Deja el estanque!
Y toma ahora
¡El Agua Viva, santa y sanadora!

ME AMA

Si Cristo dio su vida por mí,
es porque me ama.
Si todo Él sufrió por mí
es porque me ama.

Me ama, me ama
tengo que decir que me ama,
me ama, me ama
¡tengo que gritar que me ama!

Si Cristo fue a la cruz por mí
es porque me ama.
Si Él pagó con su sangre por mi
es porque me ama.

Me ama, me ama
tengo que decir que me ama,
me ama, me ama...
¡Tengo que gritar que me ama!

Y TÚ ¿QUÉ HACES?

Cristo sufrió por ti,
Él se entregó por ti,
todo pagó por ti... ¿y tú, que haces?
vas desperdiciando la vida,
vas menospreciando su amor
vas buscando falsas salidas
en las drogas y el alcohol.

RECUERDA

El día que llegaste
que a Dios te entregaste
tú prometiste,
que te arrepentirías,
que no pecarías
mas, te fuiste.

Ahora tu lugar
se encuentra triste y vacío,
Jesús te dice ahora,
que te espera y añora
¨ven hijo mío¨.

No pienses que en el mundo
habrá un amor profundo
no has de encontrarlo,
tan sólo Jesucristo,
te ama como a un hijo
te está esperando.

No te resistas más
Él te ofrece soluciones,
te da su hermosa paz
te llena de solaz
no lo abandones.

POBRE DE MÍ

No es por obras lo sé, es por tu gracia
pues me amaste primero Jesucristo,
es tu misericordia que me alcanza
siendo injusto en Ti me justifico.

Mi carne murió en la cruz que agonizaste,
no vivo, morí contigo,
mi vida fielmente la tomaste
en tu resurrección mi amado Cristo.

Pobre de mí, la carne estorba,
obra para mi muerte si la dejo,
pues lo que no quiero hacer, tengo por obra
y del bien que debo hacer me quejo.

Pobre de mí, que si mis ojos quito
del Blanco de perfección que es mi guía,
mi carne rehúye a mi Cristo
Y mi alma sin su amor se me vacía.

Pobre de mí, que débil soy la presa
de pasiones, celos y contienda,
mi carnalidad no se está quieta
por la ley del pecado que es su tienda.

Por eso en la obscuridad clamo a mi Amado,
no te alejes de mí, te necesito,
si en mi debilidad he pecado
fortalécete en mí, Adorado Cristo.

Que me baste tu gracia salvadora
y no viva, sino tú en mí,
crucificada estoy contigo ahora
y Tú, estás conmigo hasta el fin.

DAME ACEITE

Oigo un rumor de voces que me aterra,
mi lámpara no alumbra, hay tinieblas,
hasta escucho las voces de las piedras
¡Desfallezco! ¡Mi alma tiembla!

¿Qué clamor es el que a mi llega?
¡Ya viene el esposo! ¡Se acerca!
llena ahora tu lámpara y espera.
¡Llénala del Aceite y enciéndela!

—No tengo Aceite y el que tengo
en un aceite rancio que no prende,
en un minuto voy y vengo
¡Mis vecinas tendrán!... ¿y si no tienen?

¡Vecina, por favor, deme su aceite!
que viene mi amado a levantarme
—Tengo el suficiente solamente
busque en otro lugar y no me alarme.

Amiga, deme aceite del que tenga
mi lampara, su luz no quiere darme.
—Claro que sí vecina, ahora venga,
tengo mucho aceite fresco y suave.

Es un aceite turbio, más barato
la luz es muy opaca, pero engaña,
te ayuda a caminar por un buen rato
no es fino el aceite, es de "cizaña".

—Tengo otro, amiga ven conmigo,
este aceite lo usan las estrellas,
es aceite de "Fama" muy antiguo
y con su luz parecerás más bella.

—Olvídese de todo, compañera,
le vendo un aceite de "Avaricia.
su lampara brillará cuando usted quiera
si es de usted el dinero la delicia.

—No camine más, lleve su aceite,
es de puro "pecado consumado"
en uno solo lleva todo su deleite
¡No necesitará estar alumbrado!

Y no encendió mi lámpara muriente,
pálida su llama se apagaba,
era un hilo de luz languideciente,
¡que a densa oscuridad me arrojaba!

y en medio de las sombras tenebrosas
¡mi nombre alguien gritaba!,
mientras en las tinieblas espantosas
supe que era mi amado que pasaba.

LAS NUBES QUE ANHELO

Nubes,
llevan tan sólo agua,
sé que es demasiado
para esta tierra árida...

si acaso no dan agua
mitigan el calor
al oponerse regias
a los rayos del sol...

Y eso también es demasiado
en estas polvorientas
sendas de pecado...

Mas no pueden jactarse
de algo más glorioso,
tan solo son las nubes
de este primer cielo.

Con todo y sus contornos
con todo y ese juego
de rayos luminosos.

Con todo y arcoíris
coronando sus bordes,
con todo y su rejuego con
el sol y la luna...

Son de este primer cielo,
¡Solamente
de este primer cielo!

Y aunque las amo
por ser creación divina,
anhelo ver las otras nubes.

Aquellas que un día ascendieron
llevándose al eterno
directo al tercer cielo...

Gloriosas descenderán un día
de la región más áurea,
anhelo esas nubes
coronadas de ángeles.

Anhelo esas nubes
cual carrozas de fuego
tripuladas por Cristo,
que al son de las trompetas
arrebate a su pueblo.

Sí las amo, nubes,
de este primer cielo,
Como creación divina,
sujetas al fin a esta esperanza.

Más mi alma y mi espíritu
mi consciencia y mi carne
anhelan con más sed
esas nubes gloriosas
de inmarcesible luz,
donde he de encontrarme
¡Con mi amado Jesús!

QUÉ VOY A HACER

Y que voy a hacer si un día me dicen
que mi Dios no es Dios...?
¿Cómo voy a mirar?
¿Cómo he de responder?
¿Cómo voy a luchar?
¿Como voy a defender lo más cierto
que tengo, que es mi fe?

¿Que haré cuando en mi contra
se levante el devorador?
No sé...
Seguiré caminando por esta senda
preparada de antemano por mi Dios,
llena de buenas obras...
No sé...
Seguiré mirando los millares que están
a mi favor y que son ángeles...
No sé...
Seguiré con mis ojos puestos
en el blanco de perfección.
No sé...

Mi Dios me dice que no me preocupe
 lo que he de decir, Él lo pondrá en mi boca...
No sé porque Él es un Dios vivo
y grandioso e incomprensible e ilógico:

Le amo, porque Él me amó primero.
Porque su amor es incondicional
perfecto a pesar de mi imperfección.

Me da humildad, me reviste de su poder,
aunque todos me abandonaran, Él me acompaña.
¡Porque Cuando soy débil, entonces soy fuerte!
Me da Paz, me prepara para la batalla.
Y no importa si acaban con mi cuerpo
Mi Dios me capitaneará más allá de la muerte.

EL NOMBRE DE MI AMADO

Decir tu Nombre me llena de paz
no importa si me rodea la guerra
decir tu nombre me llena de solaz
sé que tú me acompañaras
hasta que deje esta tierra.

Voy camino a Ti mi dulce amado
tu Nombre es faro en mi mar enfurecido
es brújula en mi desierto despiadado
a tu nombre canto a tu nombre alabo
en tu Nombre se refugian mis sentidos

Yeshua, mi amoroso y tierno Yeshua,
nunca comprenderé tu grande amor,
al pronunciarte huye la duda
mi fe se agiganta y me asegura
¡contemplaré tu gloria allende el sol!

MUERTE, TÚ NO ERES EL FINAL

He escuchado tus pasos.
¡Estás al acecho!
no sé cuándo, ni dónde,
tu golpe lastimará mi pecho.

En el abismo de tus ojos,
he leído el futuro,
en ese abismo negro
leí tus deseos más oscuros.

Estoy preparada,
segura que te espero.
Sin embargo, me declaro frágil y,
no resulta fácil saberte en mi sendero.

Te imagino irónica,
como pocos, astuta,
presente, agazapada
en tu diaria jornada
como la más antigua prostituta.

Dos veces me has golpeado
directamente al pecho...
tu olor está en el viento,
otra vez te presiento
y no aceptas cohecho.

Perdería mi tiempo
sí busco evadirte,
ni voy a suplicarte
porque se claramente
que así no vas a irte.

No te irás con las manos vacías,
no darás a tu paso retroceso
sin dar el golpe final
con tu sonrisa triunfa
al depositar tu descarnado beso.

Porque he visto tu sonrisa,
he oído tu carcajada
y aquí estás otra vez
no puedo saber
si ahora soy la designada.

Puedo confesarte mi miedo natural,
no has de mirarme doblegada,
sé que hay otra morada
¡tú, no eres el final!

¿Soy tu candidata?
¿Me tienes en la mira?
¿Despertaré mañana?
¿O estás a la vuelta de la esquina
para cobrar mi alma?

Te recuerdo que fuiste derrotada
que tu aguijón es falso,
que el sepulcro no es muerte;
que no debo temerte
aunque no pueda detener tu paso.

Después de ti, espera otro mañana,
no todo está perdido
al caminar contigo
¡tú no eres soberana!

Cumplirás tu misión,
no tengo duda
de lo que el ser espera,
de todas las carreras
eres tú la más segura.

Cumple pues la consigna,
estoy lista, Muerte,
enemigo del Alto y Sublime...
¡No te creas tan fuerte!
¡Él me redime!
¡Da el golpe y déjame en paz!
Al cabo ¡tú, no eres el final!

DAME TU CORAZÓN

Están vacías mis manos.
¿Qué es lo que puedo darte?
Oí tu dulce voz
pidiendo una caricia.

Mis labios son muy torpes.
¿Qué puedo cantarte?
y tierno me dijiste:
"Dame sólo sonrisas"

Mi mente es un caos
nada puedo inventarte...
"Dame un pensamiento"
Me dijiste de prisa.

Mis ojos están secos
y no pueden llorarte...
"No me gusta que llores,
una sola mirada me llenaría de dicha"

Aquí están pues, mis manos,
mis labios te sonríen mi amado Señor.
mi mente en ti piensa, mis ojos te han mirado.
¿Dime si falta algo por entregarte hoy?
y amante me dijiste: "Dama tu corazón"

EN TU AMOR

No he de afanarme en la oscura noche
cuando parece que se tarda el sol.
Tú eres más que el sol ¡Luz en derroche!,
que ilumina mi vida con tu Amor.

Si al pajarillo que por los aires vuela
no le falta el sustento que le das,
ese ejemplo lo tomo como escuela,
pues tu Amor me alimenta y me da paz.

Ni el Rey Salomón en su opulencia
pudo vestir las galas de una flor,
soy más que una flor en tu Presencia
es por eso, me vistes de tu Amor.

Susténtame, Señor, en ti espero,
que no me falte el Pan de tu Palabra,
dame mis vestiduras de guerrero
y resguarda con tu gran Amor mi alma.

EL REINO DE LOS CIELOS SE HACE FUERTE

Procuraban matarle y no disimulaban,
cuando abría su boca sus almas latigaba,
recorrió mil caminos declarando misterios,
y crueldades urdían contra su ministerio.

Sanó tantos enfermos, cojos, ciegos y sordos,
aún de la misma muerte levantó a muchos otros,
Él, no contemplaba el día para hacer sus milagros,
hizo el bien con dulzura sin esperar halagos.

Procuraban matarle. Él lo sabía,
la ignorancia era de ellos porque no comprendían
que el daba su vida, nadie se la quitaba,
el plan de salvación se materializaba.

Procuraban matarle. Él no se escondía,
en el día de reposo la sanidad traía,
y aunque le preguntaban que autoridad tenía
Él, con otras preguntas respondía.

Era el Señor del sábado, el Eterno Reposo,
el mismo que cansado se sentó junto a un poso
para pedirle agua a la samaritana,
a cambio de agua viva que su ansiedad calmara.

Procuraban matarle. É decidido
durante la gran fiesta gritó muy atrevido:
"Si alguno tiene Sed, a mí venga y beba
y en su interior reciba fuente de vida eterna"

Proclamó el Nuevo Reino sin miedo y con valor,
pues era nada menos que el fiel hijo de Dios,
que voluntariamente cargó con el pecado,
que derrotó a la muerte y fue resucitado.

Hermano, está hecho, Jesús vino a salvarte
toma del agua viva y empieza a proclamarle,
si su preciosa Sangre limpió tu corazón
vuélvete hoy valiente y demuéstrale tu amor.

En la fiesta del mundo grita con energía
que tú tienes el agua de la fuente de vida,
el Reino de los cielos ahora se hace fuerte
Y sólo lo arrebatan verdaderos valientes.

AGEO

Es tiempo de olvidarse de todo y vivir,
de que tu casa adornes y la artesones
nada más para ti...
¿Y mi templo? ¿Cuándo lo vas a reconstruir?

He visto, como siembras mucho
y recoges muy poco,
como hechas tu plata en bolsillo roto,
anhelas lo de otros...
¿Y mi templo? Dime ¿y mi templo?
¿Cuándo lo vas a reedificar?

Es tiempo de encerrarte en tu casa
y cerrar bien tu puerta
si la lluvia no cae,
ni da fruto la tierra...,
¿y mi casa desierta?
¿Cuándo la reedificaras?

Está a esto atento:
Reedifica mi templo,
a partir de este día lo reedificarás.

Reedifica mi templo
reedifica mi templo
y a partir de este día
mi bendición tendrás.

QUE NO SE ACABE

El fuego de tu corazón
que no se apague,
que no se apague,
el gozo de tu salvación,
que no se acabe
que no se acabe.

Avívalo en tu corazón
Porque mañana tú, no lo sabes...
Tú, no lo sabes,
puede suceder
que con sus ángeles en Gloria
Cristo decida volver.

PREGÚNTAME, MI HERMANO

Pregúntame, mi hermano, de dónde vengo.
¿Por qué miras en mi rostro huellas de dolor?
Y te diré la verdad:

Andaba en el mundo
dizque gozando la vida,
iba sin rumbo,
cada día más perdida,
mas me encontró Jesús
y me bañó con su luz...

Pregúntame, mi hermano, a dónde voy,
por qué ves en mis ojos un brillo mejor,
te diré la verdad, la gran Verdad.

Voy a mi Patria,
a mi Patria celestial,
Jesús me dio rumbo,
me dio vida eternal
Porque Jesús me encontró,
mis culpas, Él perdonó...

Pregúntame, mi hermano, a dónde voy...

ESCAPA POR TU VIDA

Es imposible que no hayas visto,
las señales están cumplidas.
¡Ya viene Cristo! ¡Ya viene Cristo!
¡Escapa por tu vida!

Escápate de las llamas del infierno,
escápate de la ira del Señor
porque el sufrir va a ser eterno.

¡No descuides tu unción!

A ti te hablo, medio cristiano,
a ti te hablo, medio escogido,
póstrate a cristo, alza tus manos
humillado y arrepentido.

Su yugo es fácil, su carga es ligera
es más difícil servir al mundo,
entrega a Cristo tu vida entera
sabrás lo que es un Amor profundo.

QUIERO SER LA PRIMERA

Cuando contemplo el alba que rompe las tinieblas
de pronto extasiada, vislumbro un resplandor
pregunto emocionada si ha llegado la hora
de volar al encuentro de mi amado Señor.

Es sólo una fugaz estrella que se escapa,
despide la noche con su estela de luz
y medito si acaso mi limitada alma
habrá de percatarse un poco antes
de la trayectoria de mi Señor Jesús.

Cuando Él aparezca y con su voz de trompeta
y de los aires me llame y me diga "sube acá" …
¿Sabré un poco antes que el momento se acerca?
¿Algún tenue punto de luz me alertará?

Mi vista no me basta en la bóveda celeste
al siempre contemplarla no la puedo abarcar,
eso me da tristeza, pues si mi Cristo viene
no ser la primera en poderlo mirar.

Aquí, será a la inversa de Profeta Eliseo
que no perdió de vista a Elías al volar
quería ver con sus ojos, era su deseo,
el arrebatamiento del que iba a suplantar.

Esperaré ansiosa, como el sueño que tuve
el arrebatamiento lo quiero disfrutar,
descubrir un poco antes el carruaje de nubes
al que mi amado me invitará a viajar.

Gritar como Eliseo, al mirar que viene:
¡PADRE MIO! ¡PADRE MIO! ¡Y sus nubes de fuego!
Y a mi grito, pueda ver mi transformación,
mientras su voz trompeta recoja los millares
de los cuatro puntos cardinales
que a los aires acudan para su redención.

¿Cómo será la nube? ¿Cómo será la nube?
¿Por cuál punto del horizonte se aparecerá?
¿Qué resplandor glorioso atraerá mis miradas?
¿Qué colores celestes la identificarán?

Quiero ver esa nube cuando aún sea pequeña,
como aquella que viera el fiel criado de Elías,
sentir en mi pecho que soy la primera
saludando a mi amado sea noche o sea día.

Puede que sea noche, aun así, a su resplandor
huirán las tinieblas al inmenso fulgor,
al llegar a un punto me dirá "SUBE A MÍ "...
Y sin aún comprenderlo ¡Volando voy a ir!

NOEMÍ HERNÁNDEZ DE VALDIVIA

Soy nacida en 1960 en Magdalena, Sonora.

Contadora técnica en Informática. Diplomada en Promotoría Cultural, Luchadora Social...

Escribo poesía y prosa desde los 8 años. Tengo algunos

centenares de poemas, más de 50 recitales dentro y fuera del país. Participaciones en diferentes medios de comunicación. Tengo 4 CD's con poemas y un libro y sigo dándole.

Es lo que soy y no gracias a mí, sino a mi Creador y Señor Jesucristo que me ha puesto en un camino dónde es más lo que recibo que lo que doy. Un camino dónde la interacción con mis semejantes me es indispensable y Retro alimentaria y qué mejor muestra que esta anécdota literaria entre el ustedes y Yo. He publicado los poemarios **Despertar, Tormenta y Arcoíris**, la crónica **El Cerro de la ventana.** Hoy presentamos mi amigo **José Agustín Pérez** y su servidora **Noemí Hernández López**, la novela **"La Casona Blanca"**. Esta vez presento *"Al que ama mi alma"* .Todos estos libros han sido logrados gracias a la edición, consejos y guía de nuestro amigo **Guillermo Beltrán Villanueva**.

OBRAS PUBLICADAS:

Los versos
del
silencio I

DESPERTAR

Noemí Hernández López

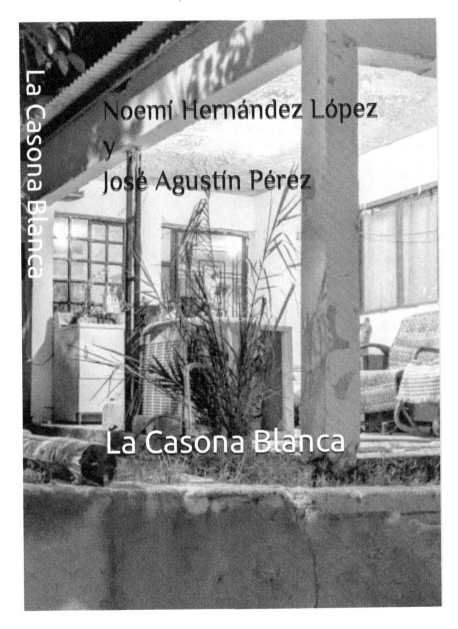

Made in the USA
Middletown, DE
29 August 2022